Meiner LiebenDo gewidmet.

*Sie hat es meist geduldig ertragen,
dass ich schon aus beruflichen Gründen
viel zu wenig Zeit für sie hatte.
Um so mehr schätze ich ihren Großmut,
mir auch heute noch
den meist zeitaufwendigen Spaß
an der Tastatur meines Rechners
zu gönnen.*

*Dankbar bin ich zudem
den vielen Ideengebern
für das simplosophische Kaleidoskop
meiner einfach gereimten Gedanken
und Erkenntnisse – auch denen,
die es unfreiwillig taten.*

Rudolf Köster

Simplosophisches

Band 1 meiner
einfach gereimten Gedanken

Bibliografische Information der Deutschen Nationalbibliothek:
Die Deutsche Nationalbibliothek verzeichnet diese Publikation
in der Deutschen Nationalbibliografie; detaillierte bibliografische
Daten sind im Internet über: //dnb.dnb.de abrufbar.

© 2017 Rudolf Köster

Herstellung und Verlag:
BoD – Books on Demand, Norderstedt

ISBN: 9783743134195

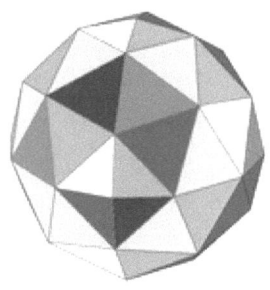

Älter werden

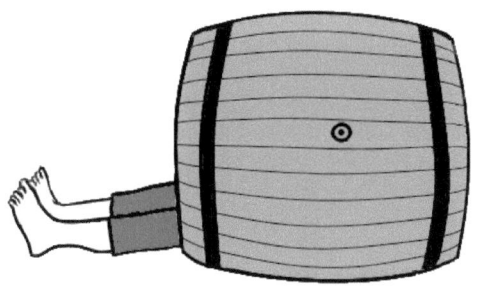

Es ist unabänderlich.

Auch wenn man im Überschwang der Jugendtage – zumindest für sich selbst – lange nichts davon wissen will: Das Alter kommt!

Erste kaum bemerkte Unbequemlichkeiten mutieren mit den Jahren merklich zu Beschwerden und arten manchmal sogar zu Gebrechen aus.

Aber älter werdend stellt man auch fest, dass zunehmende Gelassenheit und die tägliche Freude darüber, noch da zu sein, das Älterwerden durchaus auch reizvoll machen können.

Unter anderem davon handeln die Verse in diesem Kapitel, mit denen ich (auch mir immer wieder) zeigen möchte, wie sehr Sprache, insbesondere die gebundene, Wesentliches entdecken lässt und Nichtigkeiten als solche zu enttarnen vermag.

Viel Spaß auf einer simplosophischen Reise in das Alter!

Inhalt

Gewissheiten	S. 10
Aufrüstung	S. 11
Lesart	S. 11
Altersgymnastik	S. 11
Altersmathematik	S. 12
Tempora mutantur	S. 12
Verschleierung	S. 12
Jeans forever?	S. 13
Abnehmende Zuneigung	S. 13
Veränderung	S. 14
Vorteil	S. 14
Logik	S. 15
Best Ager?	S. 15
Temporale Veränderung	S. 15
Versäumnis	S. 16
Mitnichten	S. 16
Ruhestand	S. 16
Altersroutine	S. 17
Haltbar machen	S. 17
Entwicklung	S. 17
Alters-Logistik	S. 18

Sacramentum mortis	S. 18
Beweglich bleiben!	S. 19
Altersbestimmung	S. 19
Rundum-Kompostierung	S. 20
Relatives Altern	S. 21
Generationenvertrag	S. 22
Folgeerscheinung	S. 23
Absichtslos	S. 23
Ohne Alternative	S. 23
Verständnisproblem	S. 24
Gesundheitsbonus	S. 24
Bunter Herbst	S. 24
Alters-Amnes(t)ie	S. 25
Unverhofft kommt immer öfter	S. 25
Erkenntnis	S. 26
Gegenrede	S. 26
Zumutungen	S. 27
Ansichten	S. 27

Gewissheiten

Gewissheit 1

Wenn dich dein Älterwerden quält,
weil hier dir was und da was fehlt,
sei ganz beruhigt und denke dran:
Auch Altern endet irgendwann!

Gewissheit 2

Im Park, auf einer Ruhebank,
als grad die Abendsonne sank,
da hört' ich einen Alten sagen,
es sei ja kaum noch zu ertragen
im Altersheim, wie man da wohnt.
Dann hört' ich noch, wie er betont:
„Ich hatte Häuser stets und Villen,
wie soll ich nun, um Himmels Willen,
*mit **einem** Zimmer kommen aus!"*
„Ach guter Mann, mach dir nichts draus,"
so hörte ich den Zweiten sagen:
„Das ist kein Grund, um zu verzagen!
Sag' dir zum Trost in deinem Zimmer:
Es ist doch schließlich nicht für immer!"

Aufrüstung

Herzschrittmacher, falsche Zähne,
künstlich hergestellte Mähne!
Und vor allem eingedenk,
dass so manch Titangelenk
als Ersatzteil Sorge trägt,
dass man sich noch fortbewegt,
rüsten wir auf Schritt und Tritt
uns perfekt fürs Altern fit.
So betrachtet, irrt sich nicht,
*wer von **rüst'gen** Rentnern spricht.*

Lesart

Heinz nennt seine Glatze nur:
*„**Ausgefallene** Frisur."*

Altersgymnastik

Ich war schon immer ziemlich sportlich,
doch ist der Sportplatz heut' der Ort nich'
mehr, wo ich den Schweiß verliere,
nein – ich übe und trainiere
nunmehr still für mich dahin,
find' sportiv ganz andren Sinn
und treibe heut statt Muskelschwung
*als Lieblingssport … **Gedankensprung!***

Altersmathematik

*Mein Onkel Johann-Kunibert
ist ziemlich fit noch auf den Beinen,
mit 60 noch begehrenswert,
wie manche reife Damen meinen.
Da ist es müßig zu erwähnen,
dass er im **siebten** Himmel schwebt
und auch noch mit den **dritten** Zähnen
den **zweiten** Frühling grad erlebt.*

Tempora mutantur

*Warum nur wird von vielen Alten
der Herbst des Lebens so verkannt
und für belastend nur gehalten?
Der Vorteil liegt doch auf der Hand:
Man braucht jetzt alles das nicht mehr
– sich steigernd gar von Jahr zu Jahr –,
was in der Jugendzeit Begehr,
doch damals nicht bezahlbar war.*

Verschleierung

*Hinter all der Faselei,
dass man nicht mehr der **Alte** sei,
kaschiert so mancher nur mit List,
dass er nicht mehr der **Jüngste** ist!*

Jeans forever?

*Wenn ich an alte Zeiten denke,
als alle Muskeln und Gelenke
mir einst in meinen frühen Jahren
zu Willen und zu Dienst noch waren,
dann hole ich aus tiefstem Grund
die alten Jeans hervor mir – und …
dann lege ich sie wieder weg!
Zurück zu schau'n hat keinen Zweck,
wenn man im fortgeschrittnen Alter
Hosenträger braucht als Halter!*

Abnehmende Zuneigung

*Wer auch als Greis noch herzhaft lacht,
gar quietschfidele Späße macht,*

*statt frühzeitig dahin zu sterben,
macht unbeliebt sich bei den Erben!*

Veränderung

*Leidenschaft im Liebesleben
- das ist traurig aber wahr –
ist wie vieles andre eben
biologisch abbaubar.
Bliebe dann vom Liebesglück
wenig oder nichts zurück,
wäre das doch wirklich schad!
Daher geb' ich hier den Rat:
Lasst uns lieber voll Vertrauen
auf Philemon und Baucis schauen!*

Vorteil

*Das Alter lässt uns jung genug
für Dummheiten, grad wie ein Kind.
Es macht uns aber auch so klug,
zu wissen, wann sie sinnvoll sind!*

Logik

*Wenn mit den Jahren wir bemerken,
dass sich die Zipperlein verstärken,
wenn uns ein ahnungsvolles Zittern
vor Muskelschwund und vor'm Verwittern
beschleicht, weil uns der Jugend Kraft
zusehends mehr und mehr erschlafft,
dann hilft nur eins: Gelassen bleiben
und sich nicht künstlich aufzureiben!
Uns bleibt doch nur, mit Contenance
gerade diese einz'ge Chance
des immer Älterwerdens eben
zu nutzen, um zu überleben!*

Best Ager?

*In Wirklichkeit meint doch zumeist,
wenn man, wie so schön es heißt,
in den **besten** Jahren sei:
„Die wirklich **guten** sind vorbei!"*

Temporale Veränderung

*Ich find' es wirklich eindrucksvoll,
wie Gegenwart, die gar nicht toll
wir finden, wenn sie grad passiert,
im Zeitenlauf total mutiert:
Kaum wird sie zur Vergangenheit,
ist sie die „Gute alte Zeit"!*

Versäumnis

In Ost und West, in Süd und Norden
gilt als Mensch von Takt und Zucht,
*wer **mit Anstand alt** geworden.*
Also hab' ich's auch versucht.
Inzwischen denk' ich anders drüber:
Hätt' ich es umgekehrt betrieben,
vielleicht wär' ich, was mir viel lieber,
***unanständig jung** geblieben!*

Mitnichten

Natürlich werd' ich langsam alt,
das sag' ich ohne Vorbehalt,
wenn jemand unverschämt und dreist
nachsichtig auf mein Alter weist.
Doch ich bestreite weiterhin,
dass darum ich von gestern bin!

Ruhestand

Beginnst du langsam zu entdecken,
dass hübsche Mädchen lediglich
***Erinnerungen** nur noch wecken*
*statt wilder **Hoffnung** flehentlich,*
dann wird es Zeit, Bilanz zu ziehen:
Und keine schlechte, alldieweil:
Lass sich doch andere bemühen,
und du schaust zu vom Altenteil!

Altersroutine

*Ich kann jetzt altersangemessen
schon mehrdimensional vergessen:
Denn ich vergesse zusätzlich
zu dem, an **was** geflissentlich
ich mich demnächst erinnern sollte,
selbst **dass** ich mir was merken wollte!*

Haltbar machen

*Im Alter können sich die meisten
gesundes Essen nicht mehr leisten.*

*Man sagt stattdessen lieber offen
„Ja!" zu **Konservierungsstoffen**!*

Entwicklung

*Solang man jung noch ist und dumm,
da fragt man häufig sich: „**Warum?**"
Im Alter traut man sich zu wagen,
beherzt: „Warum **denn nicht!**" zu sagen.*

Alters-Logistik

*Es ist schon so: Ist man betagt,
dann ist Logistik sehr gefragt:
Man muss, verdammt und zugenäht,
Gebiss erst mal und **Hörgerät**
räsonierend und mit Fluchen
mühsam sich zusammensuchen,*

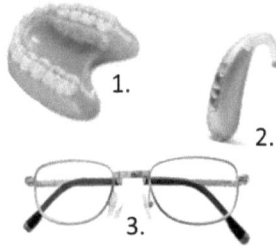

*weil **dann** erst – so gewappnet – man
nach der **Brille** fragen kann!*

Sacramentum mortis

*Wir ahnten nicht, wie stark verwirrt
unser Pastor, der unbeirrt
im Amte blieb, tatsächlich war.
Er machte weiter, Jahr um Jahr,
bis er zum Gottesdienst-Termin
eines Tages nicht erschien
und wir ihn erst nach vielen Stunden
hinter dem Altar gefunden,
wo irrig wohl er im Ornat
das **Zeitliche gesegnet** hat.*

Beweglich bleiben!

Älterwerden sorgt dafür,
wenn ich manchmal mir ein Bier,
oder was mir sonst so fehlt,
holen will, dass ungezählt
ich mit leeren Händen dann
umkehr' wie ein Hampelmann,
weil ich schlicht als alter Knabe
mein Begehr vergessen habe.
Doch dahinter steckt ja nur
ein weiser Schachzug der Natur:
Vergesslichkeit ist's, was uns treibt,
damit man in Bewegung bleibt!

Altersbestimmung

Je länger ich mich selber teste,
wie ordne ich mein Alter ein,
da melden sich bei mir Proteste
dagegen, dass man das allein
an Jahren messen könne, die
man lediglich addieren muss,
als Eingruppierungsgarantie.
Das ist natürlich großer Stuss:
Alt und jung zu unterscheiden
- das kann inzwischen ich beeiden -
ist überflüssig hier auf Erden,
wenn Opa wir und Oma werden!

Rundum-Kompostierung

Mutter Natur, sie ist nicht dumm,
*sie **schenkt** uns anfangs zwar das Leben,*
jedoch, da bin ich sicher, um
verzinst es ihr zurück zu geben!
Ich mach' da mit, so ist's nun mal:
Nachhaltigkeit heißt das Fanal!

Als kleines Würmchen kommt man an,
so etwa vier, fünf Pfunde schwer,
und schon begibt man sich daran
und gibt gleich wieder etwas her,
als olfaktorisch delikate
allererste Tilgungsrate.

Mutter Natur, ja sie kassierte,
mein Leben lang, oftmals sogar
in freier Wildbahn, wenn`s pressierte
und weit und breit kein Pissoir,
mehr als zurück ich zahlen muss
an Flüssigkeit im Überschuss.

Und viele Haufen fanden schon,
mal cremig, flüssig oder fest
den Weg zur Kanalisation,
der meist mich sachgerecht verlässt,
denn weiter oben, ohne Frage,
passiert's nur nach 'nem Saufgelage.

Mit Haaren, Nägeln, Schuppen, Zähnen,
allen diesen Zusatzposten
(man sollte diese auch erwähnen!),
kommt Natur schon auf die Kosten:
Am End' – noch leb' ich ja, zum Glück! –
kriegt sie auch noch den Rest zurück!

Relatives Altern

Es wird mir mehr und mehr sympathisch,
dass – sieht man Altern mathematisch –
dem Alterszuwachs ich entrinne,
wenn das, was ich dazu gewinne,
Geburtstag feiernd Jahr für Jahr
ich einfach nicht mehr lapidar
*dazu mir zähle **additiv**,*
*sondern stattdessen **relativ**.*

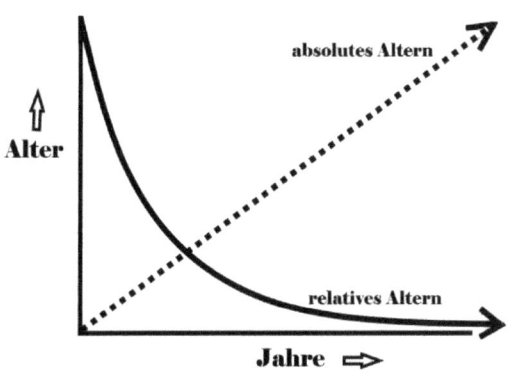

Der Zahlenschock wird so gelindert,
weil sich der Zuwachs stetig mindert!

Generationenvertrag

*Inzwischen weiß ich auch warum
wir alternd wieder kindlich sind.
Mutter Natur, die ist nicht dumm,
sie denkt daran, dass manch ein Kind
mehr braucht als Mutter bloß und Vater
und sorgt mit diesem Phänomen
dafür, dass wir uns als Berater
mit Enkelkindern gut versteh'n.*

Folgeerscheinung

*Wer zu oft das Schnapsglas leert
und den Weg zur Lunge teert,
wird, was sicher nicht verwundert,
ausgesprochen selten hundert!*

Absichtslos

*Auch ein Playboy wird mal alt,
und es lässt ihn manches kalt,
was ihn vormals aufgeheizt.
Selbst wenn nicht mit Reizen geizt
ein Mädel, das vorüber schlendert,
hat die Betrachtung sich verändert:
Denn mittlerweile geht es schlicht
ganz ohne **Ab-** nur noch um **Sicht**!*

Ohne Alternative

*Wenn der Jugend Schwung vergangen,
und dein Leben mühsam wird,
hilft kein Zetern dir und Bangen!
Willst du wissen unbeirrt,
wie es weiter geht auf Erden,
schleppe hin dich zu den Weisen:
Denn nur übers Älterwerden
kann man in die Zukunft reisen!*

Verständnisproblem

Opa Karl, der kaum noch hört,
ist seit Tagen ganz verstört:
Den Antrag auf ein Hörgerät
zur Steigerung der Qualität
der akustischen Kontakte
hat in einem schnöden Akte
die AOK ihm glatt verweigert,
was sein Unbehagen steigert,
denn Opa Karl versteht seither
zusätzlich die Welt nicht mehr!

Gesundheitsbonus

Älter werden muss nicht heißen,
nur noch weiter zu verschleißen,
steigert es doch unser Wohl,
dass längst man von dem Alkohol
– bis im Munde er parat –
den größten Teil verschüttet hat!

Bunter Herbst

*Ist erst mal der **Lack** verblichen,*
hilft es uns nicht, zu verzagen.
Denn den unabänderlichen
Glanzverschleiß kann nur ertragen,
wer nicht klagt und wer nicht flennt
*und einfach **Farbe** nur bekennt!*

Alters-Amnes(t)ie

*Wenn man nicht mehr der Jüngste ist,
dann wird es Zeit, daran zu gehen
– bevor man gänzlich sie vergisst –
die Jugendsünden zu gestehen!*

Unverhofft kommt immer öfter

*Älter werdend geht es hier
sicher vielen so wie mir,
dass wir **etwas** eifrig suchen,
schimpfend dann und unter Fluchen,
während Mut und Hoffung schwinden,
ganz was **andres** wiederfinden!*

Erkenntnis

Jeden Morgen vor dem Spiegel
geb' ich darauf Brief und Siegel:
Nicht der Verbrauch der Kräfte macht's,
*die **Alterung** vollzieht sich **nachts**!*

Gegenrede

Bei mir erhebt sich stante pede
ein Widerspruch, sobald die Rede
von „milder Alterweisheit" ist,
weil man dabei zu leicht vergisst:
Der Mensch entwickelt sich doch weiter,
so dass er auf der Lebensleiter
in seinem Handeln und Betragen
anstatt in Milde umzuschlagen
viel eher, sag ich unbeirrt,
zunehmend ähnlicher sich wird!

Zumutungen

Mit dem **Alt**sein **anzufangen**
ist ein Appell, sich zu empören.
Doch schlimmer ist es, zu verlangen,
mit dem **Jung**sein **aufzuhören**!

Ansichten

Als Kind hab' ich für wahr gehalten:
„Ich werde niemals wie die Alten!"
Und nun als Alter ist mir klar,
dass ich nie wie die Jungen war!

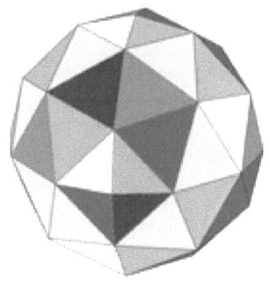

Über die Liebe

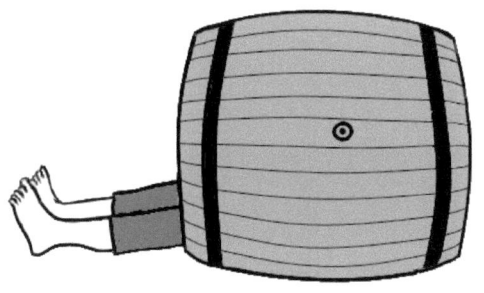

Es ist immer das gleiche Spiel.

Venus und Mars können gar nicht anders. Auch wenn sie nur selten danach fragen, warum all das in und mit ihnen geschieht.

Amors treffsichere Pfeile schwirren durch die Luft, seit es Menschen gibt. Und sie werden es bis zum Ende der Zeit tun, auch ohne die Götterwelt der Antike im Hintergrund. Denn der stete Reiz des An-, Gegen-, Mit- und Nebeneinander bleibt – egal wie oft oder mit wem das Stück gespielt wird. Es ist und bleibt nun mal ein Klassiker.

Viel Spaß auf einer simplosophischen Reise in das Reich der Liebe und mit all den Merkwürdigkeiten die es dort zu erleben gibt!

Inhalt

Ohne Frage	S. 34
Eheglück	S. 34
Wechselspiel	S. 34
Naturbedingte Perspektiven	S. 35
Erwartungshaltung	S. 35
Freundschaftsrat	S. 35
Fehleinschätzung	S. 36
Semantische Liebeserklärung	S. 36
Ehegattensplitting forte	S. 36
Einsicht	S. 37
Genug haben	S. 37
Traumfrau	S. 38
Kausalzusammenhang	S. 38
Wenn die Hormone ...	S. 39
Schnellschüsse	S. 39
Ein Mann zuviel	S. 39
Kausaler Irrtum	S. 39
Fehlschluss	S. 40
Warnsignal	S. 40
Gefährliche Körperteile	S. 40
Zwei Seiten wohnen ach ...	S. 41
Verliebter Irrtum	S. 41

Balance of Power   S. 42
Offene Frage   S. 42
Wahre Klugheit   S. 43
Selektiv auf's Ganze gehen   S. 43
Wetterlage   S. 43
Lauter Mona Lisas   S. 44
Digitaler Nebenbuhler   S. 44
Steigerung   S. 45
Unergiebig   S. 45
Nietzsche und die Peitsche   S. 46
Ortsbestimmung   S. 46
Verheiratet sein   S. 47
Das Spinnenmännchen   S. 47
Eltern ins Stammbuch   S. 47
Korb bekommen   S. 48
Frühes Liebesleben   S. 48
Haarige Angelegenheit   S. 48
Freizeitgestaltung   S. 49
Flirtregel   S. 49
Umkehrung   S. 50
Jagdfieber   S. 51
Phonetischer Wandel   S. 51
Höhere Mathematik   S. 51
Kontrast   S. 51

Ohne Frage

Eines weiß ich ganz genau,
darauf geb' ich Garantie:
Die beste Waffe einer Frau
ist des Mannes Fantasie!

Eheglück

Sie werden selten, diese Paare,
die beieinander lange Jahre
durch Höhen und durch Tiefen treiben
und trotzdem sich gewogen bleiben.
Ich glaub', es geht am besten dann,
wenn blind die Frau und taub der Mann!

Wechselspiel

Wenn jung wir sind und voller Kraft,
*gilt alles **Denken** nur der **Liebe**,*
und wir suchen fieberhaft
nach Befriedigung der Triebe.
Wenn ins Alter wir dann wanken,
*gilt die **Liebe** den **Gedanken**.*

Naturbedingte Perspektiven

*Wie geht beim ersten Rendez-vous
es in den Köpfen wirklich zu?
Was knistert denn dort eigentlich,
wenn Mann und Frau begegnen sich?
Ganz einfach: Denn sie will vorm Küssen
erst mal etwas näher wissen,
was er so **drauf** hat, und bei ihm
ist das Int'resse mehr intim –
er schaut mal rauf und wieder runter
und fragt dabei: „Was hat sie **drunter**?"*

Erwartungshaltung

*Es erwartet eine Frau
einzig, dass ein Mann genau
das nur hält und niemals bricht,
was **sie** von ihm sich so verspricht!*

Freundschaftsrat

*Als mich Freund Kalle liebestoll
gefragt, ob er es wagen soll,
ihr schon nach knapp dreiviertel Tagen
den Wunsch zur Ehe anzutragen,
da habe ich ihm angeraten,
doch besser noch etwas zu warten[1]
und dass mit ihr er zur Kontrolle
es erst mal überschlafen solle.*

---

[1] Kalle kommt aus dem Ruhrgebiet und hört „warten" natürlich ohne „r"

Fehleinschätzung

Mann irrt, wenn stolz er mit Entzücken
und vollem Ernst im Glauben ist,
Frau will ästhetisch ihn beglücken.
Denn: Wenn nach endlos langer Frist,
nach Lippenstift und Puderquast,
nach Cremes und Lidstrich voll Elan
sie toll in ihre Kleidung passt,
kommt's auf sein Haupthirn gar nicht an.
Darüber können sie nur lachen,
denn Frauen haben längst erkannt:
Dem Herrgott war'n beim Männermachen
die **Augen** wichtig, nicht **Verstand**!

Semantische Liebeserklärung

Momente gab es viel im Leben,
ich denk' an wenige zurück,
nur auf den folgenreichsten eben:
Deinen ersten **Augenblick**!

Ehegattensplitting forte

Wem steuerlich – systembedingt –
was Ehegattensplitting bringt,
zu wenig ist an Lustgewinn,
kann ja zum Ausgleich – immerhin –
woanders die Erregung buchen
und es im Swinger-Club versuchen.

Einsicht

Schon bald, nachdem Walburgas Gatte
das Zeitliche gesegnet hatte,
da wurde ihr mit einmal klar,
dass nunmehr alles anders war:
So schön harmonisch und kommod;
's gibt **doch** ein Leben nach dem Tod!

Genug haben

Um ihren Partner zu verlassen,
muss eine Frau den Mann nicht hassen.
Meist liegt auch damit man daneben,
er hätt' ihr **nicht genug** gegeben.
Im Gegenteil – sie flieht den Schrat,
grad **weil genug** sie von ihm hat.

Traumfrau

Seitdem Freund Felix sich entschlossen
hat, nicht unbeweibt zu bleiben,
versucht der Gute unverdrossen,
für sich die Rechte aufzutreiben.
Die soll **verständig**, **schön** und **klug**
und außerdem stets **treu** ihm sein.
Da fragt man doch, ob er genug
Verstand hat für den Weg zu zwei'n:
So weltfremd wird er sicher keine
Frau fürs Leben finden hier,
denn er sucht ja nicht nur eine
Frau letztendlich, sondern **vier**!

Kausalzusammenhang

Man kann es wenden, kann es drehen,
die **Ehe** ist, bei Licht besehen,
– so der statistische Befund –
hauptursächlicher **Scheidungsgrund**.

Wenn die Hormone ...

Wenn die Hormone auf sich heizen
*und dich zum **Abenteuer** reizen,*
dann prüfe vorher dezidiert,
*ob dieser **Abend teuer** wird!*

Schnellschüsse

Schwärmerisch wird oft beschrieben,
*auf den **ersten Blick** zu lieben*
– ohne Hin- und Her-Kalküle –
sei das höchste der Gefühle.
Doch leider wird zu oft missachtet,
es trifft – mal ganz konkret betrachtet –
meist solche Mädchen oder Knaben
*die's halt besonders **eilig** haben!*

Ein Mann zuviel

***Bigamie** nennt man das Spiel,*
hat sie einen Mann zuviel,
doch es denkt wohl manche Frau so
*schon bei **einem** ganz genau so.*

Kausaler Irrtum

Es ist nicht so, wie oft beteuert,
*dass wir uns **liebend** gerne binden,*
*wenn **Schönheit** unser Handeln steuert.*
*Nein, **Liebe** sagt, was **schön** wir finden!*

Fehlschluss

*Ein **Kuss** – besonders wenn er wild*
daherkommt und sich echt anfühlt –
beglückt und scheint Versprechen Dir.
Doch allzu oft erkennen wir,
dass dieses leider sich zumeist
als leeres Ehrenwort erweist,
weil es bereits nach kurzer Frist
***Lippenbekenntnis** nur noch ist!*

Warnsignal

Als Moni in mein Leben kam
und ich sie zur Gefährtin nahm,
da riet mein Vater kurz und knapp
von solcherlei Beziehung ab:
Er meinte: Hör mal zu, mein Sohn,
*‚**Lebensgefährtin**' warnt doch schon*
bereits vom Wortsinn her ganz klar:
*Hör' nur gut hin: **Lebensgefahr**!*

Gefährliche Körperteile

Nur zu flirten, das ist schwer;
das weiß zum Beispiel jeder, der
mit Beredsamkeit und Charme
*es schafft in zarter Frauen **Arm**,*
ohne diesen Schönen allen
*in die **Hände** gleich zu fallen!*

Zwei Seiten wohnen ach...

Ein Gentleman, das wissen wir,
beschützt die Frau als Kavalier
vor allem Unbill wie sein Kind,
solang sie unter Menschen sind.
Und dennoch kann zum puren Mann
– ganz ohne „gentle" – dann und wann
mutieren er in kurzer Frist,
wenn er mit ihr alleine ist!

Verliebter Irrtum

Als er Susann sich auserkor,
da glaubte er ganz wild entbrannt,
dass er bei ihr sein **Herz** verlor,
jedoch es war nur sein **Verstand**!

Balance of Power

*Es ist als Frauen-Eigenschaft
vor allem die **Anziehungskraft**,
die Männer haltlos taumeln lässt,
bis sie in einer Kreisbahn fest
nach physikalischem Gesetz
erhascht im femininen Netz.*

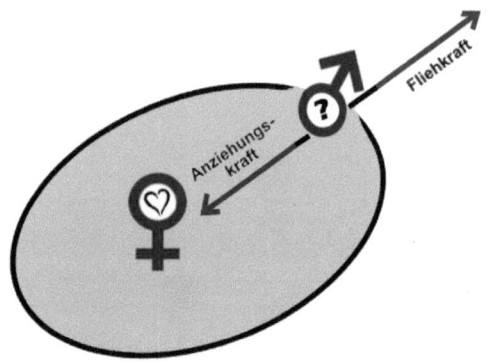

*Doch neben der Gravitation
gab es im Kosmos immer schon
als einen Ausgleich allemal
die Gegenkraft zentrifugal,
so dass dem Mann, den weg es treibt,
als Rettung noch die **Fliehkraft** bleibt.*

Offene Frage

*Schon oft ist wohl mit Recht und Fug ein
gelinder Zweifel über mich gekommen:
Kann eine Frau denn wirklich klug sein,
die **mich** zu ihrem Mann genommen?*

Wahre Klugheit

*In mancher Ehe geht es sehr
häufig ziemlich heftig her,
wer im Meinungsstreit am Ende
wohl das bess're Ende fände.
Wenn **er** dann einmal recht behält,
dann sollte er als Mann von Welt
vernunftbegabt nicht triumphieren,
sondern anders reagieren.
Besser ist es, hübsch bescheiden
einen Pyrrhussieg zu meiden
und, um den Disput zu kitten,
um Entschuldigung zu bitten.*

Selektiv auf's Ganze gehen

*Will ein Mann im vollen Saft
im Bewusstsein seiner Kraft
wirklich mal auf's Ganze gehen,
gilt vor allem das Geschehen
statt der **Gänze** der Figur
meist der unt'ren **Hälfte** nur.*

Wetterlage

*Sie sollte Vorsicht walten lassen,
falls er sie allzu **stürmisch** küsst,
wenn dieser Mann bekanntermaßen
ein **windiger** Vertreter ist.*

Lauter Mona Lisas

Um Frauen wirklich zu durchschauen,
reicht Menschenkenntnis nicht, und auch
der Röntgenarzt kann nicht vertrauen,
dem, was er wahrnimmt im Gebrauch
hoch technisierter Apparate
und schließlich auf dem Röntgenblatt.
Auch psychologische Traktate,
selbst das, was Freud entschlüsselt hat,
das alles bleibt nur Stümperei,
weil sie als Mona-Lisa-Bild
mit rätselhafter Lächelei
allzeit als unergründlich gilt.

Digitaler Nebenbuhler

Es ist für manche Ehefrau
der Rechner schon ein Super-GAU,
*weil sie die **digitale** Schwäche*
von ihrem lieben Ehemann
für die Benutzeroberfläche
am Bildschirm nicht verstehen kann:
Was ihn denn da so fasziniert,
dass er nur dort noch formatiert
und ganz vergisst, was die Natur
für ihn bei ihr so akkurat
*an **Analog**-Architektur*
zur Anwendung geschaffen hat?

Steigerung

*Glücklos **verliebt** – das ist nicht schön!*
Obwohl – es ist, bei Licht beseh'n,
noch ärmer dran, wer glücklos trist
***verheiratet** gebunden ist!*
Jedoch am schlimmsten leidest Du,
*trifft womöglich **beides** zu!*

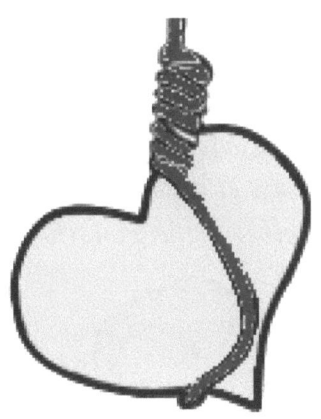

Unergiebig

Mit Barbara ging's letztlich schief,
auch wenn es wunderbar begann,
denn als das Aas davon mir lief,
und mir als dummem Hampelmann
nichts blieb als nur ein Haufen Spesen,
da wurde mir mit einmal klar,
*dass all das nicht **umsonst** gewesen,*
*jedoch total **vergebens** war.*

Nietzsche und die Peitsche

*Ich hab' mir immer vorgestellt,
der Nietzsche muss ein Frauenheld
und sehr begehrt gewesen sein.
Doch stutzig wurd' ich, als mir ein
Zitat von ihm zur Kenntnis kam,
das mir den Glauben an ihm nahm:
„Gehst Du zum Weibe," sagt er schlicht,
vergiss als Mann die Peitsche nicht."
Das musste ich erst mal verdauen!
Was kannte Nietzsche bloß für Frauen?
Was muss er auch zu denen traben,
die selber keine Peitsche haben!*

Ortsbestimmung

*Ich rate dem, der unbedingt
'ne **feste Bindung** haben will:
Such sie nur dort, wo sie was bringt:
auf Skihängen beim Tempo-Thrill!*

Verheiratet sein

Schaut mit Glut ein Ehemann
nach 'ner andren Frau, 'ner kessen,
ist es falsch, dass er sodann
verheiratet zu sein vergessen
hat, denn dieses stimmt mitnichten:
Gerade **das** wird insgeheim
ihm mit Blick auf seine Pflichten
schmerzlich gegenwärtig sein!

Das Spinnenmännchen

Nach gehabtem Rausch der Sinne
nascht am Männchen noch die Spinne
und wird dabei gleich doppelt froh.
Ist es bei uns nicht ebenso?
Man(n) fühlt sich stark und als Gewinner
und ist im Grund … ein armer Spinner.

Eltern ins Stammbuch

Es schafft sich, sagt das Sprichwort weise,
Probleme oft, wer keine hat –
und es zieht häufig weite Kreise,
was man in and'rer Absicht tat.
Nun – kurz und gut – ich will nur sagen:
Wär' Liebe nicht so angenehm,
gäb's keine Töchter zu ertragen
und auch kein Vater-Sohn-Problem!

Korb bekommen

Erst schwärmte Monika total
für einen Kerl, der Basketball
gern spielt und der zwei Meter misst.
Doch als sie merkt, dass sonst nichts ist
und sie nur Spielerei daneben,
hat sie ihm einen Korb gegeben.

Frühes Liebesleben

Auf die Erwartungen ans Leben
soll **Liebe** uns die **Antwort** geben.
Doch bis man im Disput so weit,
vertreibt sich mancher seine Zeit,
derweil er noch der Antwort harrt,
mit **Sex** bereits in jungen Tagen,
und stellt schon mal auf diese Art
zumindest ein paar gute **Fragen**!

Haarige Angelegenheit

Wer sich wie Samson wild verliebt
(auch wenn sie nicht Delilah heißt),
und ratzekahl sich hin ihr gibt,
vergisst dabei, dass allermeist
als Regel gilt von alters her:
„Wer blind bis über beide Ohren
entflammt bis hin zum geht nicht mehr,
bleibt dabei selten ungeschoren!"

Freizeitgestaltung

*Wenn Christiane vom Bordell
nach einer harten Arbeitsnacht
zu ihrem Eberhard ganz schnell
sich auf den Weg nach Hause macht,
weil dieser sich schon auf sie freut,
erheitert eins die Dame sehr:
Bei ihrer trauten Zweisamkeit
ist Schluss mit dem **Berufs-Verkehr**.*

Flirtregel

*Willst Du beim Flirt erfolgreich sein,
dann präge Dir als Regel ein,
vom Hocker locker anzubandeln,
statt hektisch über'n Ecktisch handeln!*

Umkehrung

Ja, ja, die Zeiten ändern sich:
Eltern hatten früher mal
(so erinnere ich mich)
*vier, fünf **Kinder** an der Zahl.*
Heutzutage ist das anders,
seit die Mädchen und die Knaben,
(ob Maikes oder Alexanders)
*nun oft vier, fünf **Eltern** haben!*

Jagdfieber

Es galt schon immer, nicht nur heute:
Die Frau, sie ist einz'ge Beute,
die, wenn es ihr zu lange dauert,
dem Jägersmann dann selbst auflauert.

Phonetischer Wandel

Wie war so schön es ehemals:
Zwei Seelen, ein Gedanke!
Nun schallt es laut aus vollem Hals:
Zwei Kehlen, ein Gezanke!

Höhere Mathematik

Manches klärt sich erst so richtig
bei geometrischer Betrachtung:
Für Frauen ist die **Linie** wichtig,
Der Mann schenkt **Kurven** mehr Beachtung.

Kontrast

Hauptunterschied ist doch letztendlich:
Frauen ist es unverständlich
(ob aus Bayern oder Hessen),
was die Männer so **vergessen**,
während uns oft um es treibt,
was bei Frauen **hängen bleibt**!

Nachtrag

Was (noch) nicht im Duden steht:

simplosophisch – Adjektiv

Trennung: sim-plo-so-phisch

Betonung: simplosophisch

Häufigkeit: Das Wort ist nicht im Dudenkorpus belegt

Bedeutung: a) Die Simplosophie (Einfach-Philosophie) betreffend, zu ihr gehörend
b) lebenserfahren, versonnen
c) in der Art eines Simplosophen

Herkunft: (sehr)spätlateinisch: *simplex, philosophicus*

Steigerung: simplosophischer, am simplosophischten

Beugung: stark (*ohne Artikel*) schwach (*mit bestimmtem Artikel*) gemischt (mit *ein, kein, Possessivpronomen u. a.*)

Wer nun wissen möchte, was mir als simplosophischem Verseschmied sonst noch so zwischen Hammer und Amboss geraten ist, der kann das in meinen übrigen Bänden gereimter Einsichten und Erkenntnisse nachlesen, die unter dem Titel **Simplosophisches** *bei* **Book on Demand** *erschienen sind.*

Band 2

Zeitgenossen

(ISBN: 978-3-7431-9702-2)

Im zweiten Band stehen Mitbürger, die ihm bemerkenswert erscheinen, im Fokus des Simplosophen: amüsante, unangenehme und auch solche, die erst im Sprachspiel des Merkens wert werden ...

Band 3:

Irritationen

(ISBN: 978-3-7431-4877-2)

Im dritten Band unternimmt der simplosophische Verseschmied den Versuch, Verunsicherungen zu beseitigen, die im gedankenlosen Umgang mit der Sprache entstehen, auch wenn das gelegentlich zu neuer Verwirrung führt ...

Band 4:

Einsichten

(ISBN: 978-3-7431-4883-3)

Im vierten Band finden sich heitere, aber auch nachdenkliche Früchte der simplosophischen Erkenntnissuche ...

Band 5:

Verhaltensweisen
Nachrichten aus Kalau

(ISBN: 978-3-7431-2519-3)

Im fünften Band geht es um die breite Palette menschlichen Verhaltens und um die Frage, ob nicht Kalau vielleicht die heimliche Hauptstadt der Simplosophie ist ...

Band 6:

Essen und Trinken
Neues aus Kalau

(ISBN: 978-3-7431-3436-2)

Im sechsten Band sind leibliche Genüsse, deren Folgen und ein weiterer Besuch in Kalau Gegenstand der simplosophischen Betrachtung ...

- - -

Leseproben im Internet: *www.bod.de/buchshop*.
Dort in die Suchmaske **Rudolf Köster** eingeben.

Ist dort auch direkt bestellbar (4,99 €; im Inland versandkostenfrei) – und natürlich auch im Buchhandel und bei den Internetversendern zu erwerben.

Wer ein persönlich signiertes Buch wünscht, kann sich gerne auch direkt an mich wenden:

Rudolf Köster, Kasernenweg 3, 79494 Soest,
🖳 rudokoester@aol.com, ☏ 02921/9432029

MIX
Papier aus verantwortungsvollen Quellen
Paper from responsible sources
FSC® C105338